学ぶ人は、変えてゆく人だ。

目の前にある問題はもちろん、

人生の問いや、社会の課題を自ら見つけ、

挑み続けるために、人は学ぶ。

「学び」で、少しずつ世界は変えてゆける。

いつでも、どこでも、誰でも、

学ぶことができる世の中へ。

旺文社

おうちで始める！ 小学校英語

バイリンガル先生のオンラインレッスン付き

小学校での外国語活動をはじめとして、学校で子どもたちが英語に触れる機会が増えています。子どもたちが学校の英語で戸惑わないように、家庭で気軽に小学校英語の準備を始めましょう。英語は実際に使うことで身につきます。この本は、オンラインレッスンとセットになっているため、きいておぼえるだけではない英語体験ができます。

この本の特長

● **イラストと音で単語や会話表現がおぼえられる！**
たくさんのイラストとリズムに乗せた音声で楽しく単語や会話表現がおぼえられます。

● **英検Jr.®BRONZE（ブロンズ）のテスト付き！**
学習の最後に、旺文社オリジナルの英検Jr.®BRONZE（ブロンズ）のテストにチャレンジできます。

※英検Jr.®は、公益財団法人 日本英語検定協会の登録商標です。

● **オンラインレッスン付き！**
GLOBAL CROWNのオンラインレッスンが5回受けられます。

※ご利用いただけるオンラインレッスン5回は、通常の無料体験レッスン2回とこの本に連動したレッスン3回を合わせたものです。無料体験レッスンは、GLOBAL CROWNが実施するキャンペーンにかかわらず2回受けることができます。

オンラインレッスン提供
GLOBAL CROWN（グローバルクラウン）より

GLOBAL CROWNは、タブレットやスマホでできる、子どものためのオンライン英会話です。レッスンは1回20分のマンツーマン。先生は全員、英語と日本語が話せるバイリンガルなので、英語がはじめてのお子さまも安心です。GLOBAL CROWNのレッスンをきっかけに、英語が好きになったというお子さまもたくさんいらっしゃいますので、ぜひこの機会に体験してみてください！

このコンテンツは、公益財団法人 日本英語検定協会の承認や推奨、その他の検討を受けたものではありません。

もくじ

単語や会話 表 現をおぼえて、オンラインレッスンをやってみよう！

英検Jr.®BRONZE（ブロンズ）のテストをやってみよう！

オンラインレッスン提供：株式会社ハグカム「GLOBAL CROWN（グローバルクラウン）」
編集協力：株式会社 エディット、株式会社 鷗来堂
装丁デザイン：大滝奈緒子（blanc graph）
音声録音・編集：株式会社 巧芸創作
本文イラスト：有限会社 アート・ワーク、加藤マカロン、佐藤修一、サヨコロ、西村博子、村上暁子
組版・本文デザイン：株式会社 朝日メディアインターナショナル

音声について

収録内容

この本では、収録箇所は🎵CD1のように表示してあります。収録内容は以下のとおりです。

①単語をおぼえるページ

リズムに乗せて単語が読まれます。お手本に続いて同じように単語を言ってみましょう。

②会話表現をおぼえるページ

日常生活のさまざまな場面の会話が読まれます。2回ずつ読まれるので、1回目はよくきき、2回目はいっしょに発音してみましょう。

③英検Jr.®BRONZE（ブロンズ）のテスト

英検Jr.®BRONZE（ブロンズ）のテストが1回分収録されています。学習の最後にチャレンジしてみましょう。

※GLOBAL CROWNのオンラインレッスンの内容は、音声には含まれません。
※①②③の紙面の内容については、p.6～7「この本の使い方」をご覧ください。

音声再生方法

本書の音声は、以下の2つの方法でご利用いただくことができます。

●CDで再生

本書巻末に付属しているCDをご利用ください。

●旺文社リスニングアプリ「英語の友」（iOS/Android）でお手軽再生

1. 「英語の友」公式サイトより、アプリをインストール。
   （右のQRコードから読み込めます）
   https://eigonotomo.com/

   英語の友　🔍検索

2. アプリ内のライブラリよりご購入いただいた書籍をえらび、「追加」ボタンを押してください。

※CDの裏面には、指紋、汚れ、傷などがつかないよう、お取り扱いにご注意ください。一部の再生機器（パソコン、ゲーム機など）では再生に不具合が生じることがありますのでご承知おきください。
※本アプリの機能の一部は有料ですが、本書の音声は無料でおききいただけます。
※アプリの詳しいご利用方法は「英語の友」公式サイト、あるいはアプリ内ヘルプをご参照ください。
※本サービスは予告なく終了することがあります。

この本の使い方

単語・会話表現

● 単語をおぼえるページ

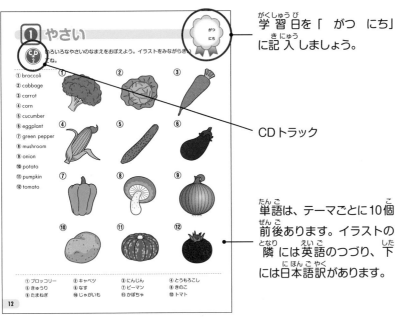

学習日を「 がつ にち」に記入しましょう。

CDトラック

単語は、テーマごとに10個前後あります。イラストの隣には英語のつづり、下には日本語訳があります。

単語はイラストと音声でおぼえられます。単語の音声は、リズムに乗せて発声する「チャンツ」形式で収録されています。お子さまが学習するときには、音声をきくだけではなく、お手本にならって発声もするようにすすめてください。

● 会話表現をおぼえるページ

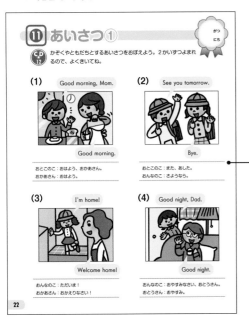

会話表現は、「あいさつ」、「しつもん」、「おねがい」、「おさそい」のテーマごとに4セットあります。それぞれの会話表現の下に日本語訳があります。

2人の人物の、さまざまなやりとりを場面ごとに紹介しています。日常生活でよく使われる会話表現ばかりなので、ふだんの生活でもぜひお子さまといっしょに使ってみてください。
それぞれの会話表現は音声に収録されているので、音声をきくだけでなく、実際に表現を言って練習しましょう。

オンラインレッスン

● オンラインレッスンをやってみよう！①②③

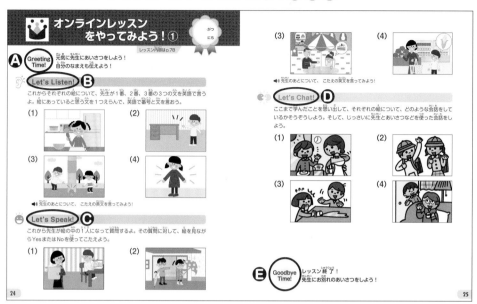

A Greeting Time! から
レッスンが始まります。先
生にあいさつをしましょう。

B Let's Listen! では、
英検Jr.®BRONZE（ブロ
ンズ）を意識したリスニン
グ問題を先生が出題しま
す。問題に英語でこたえま
しょう。

C Let's Speak! では、
イラストを参考にして先生
の質問に英語でこたえま
しょう。問題は英検Jr.®
BRONZE（ブロンズ）を
意識したものになります。

D Let's Chat! では、こ
こまでに学習した会話表
現をもとに、先生と会話を
してみましょう。困ったと
きは先生がフォローしてく
れます。

E Goodbye Time! でレ
ッスン終了です。先生にお
別れのあいさつをしましょう。

「オンラインレッスンをやってみよう！」では、この本で学んだ内容を復習すると同時に、お子さまが生の英語の発音に触れ、実際に先生と英語で話すことができるレッスン構成になっています。3回分のレッスンが紙面といっしょに学習できる内容になっており、それぞれLet's Listen!（きいてみよう！）、Let's Speak!（話してみよう！）、Let's Chat!（おしゃべりしてみよう！）という楽しいアクティビティが用意されています。

※「オンラインレッスンの始め方」はp.8～10をご確認ください。

英検Jr.®BRONZE（ブロンズ）のテスト

● 英検Jr.®BRONZE（ブロンズ）のテストをやってみよう！

こたえだと思う選択肢番号の
下に○をつけましょう。

※テストの「こたえと指導のポイント」は、p.70～77にあります。

巻末に、旺文社オリジナルの英
検Jr.®BRONZE（ブロンズ）の
テストを1回分収録しています。
学んだことの理解がより深まりま
すので、学習の最後に、力試し
でチャレンジしてみましょう！

オンラインレッスンの始め方

この本では、GLOBAL CROWNの通常の無料体験レッスンと本の内容に連動したレッスン（3回）が受講できます。次の手順を参考に始めましょう。

用意するもの ●タブレットまたはスマートフォン（iOSまたはAndroid）
●本書付属のクーポンコード

※無線LAN（Wi-Fi）でのご利用を推奨しております。ご利用時にかかる通信料はご利用者様のご負担となります。
※推奨環境についてはGLOBAL CROWNのホームページ（https://www.global-crown.com/faq）をご確認ください。

手順
※画像はイメージです。ご利用環境により実際と異なる場合があります。

1. 専用サイトにアクセスしよう

この本の専用サイトにアクセスします。（右のQRコードから読み込めます）

https://www.global-crown.com/lp/campaign/obunsha

2. アプリをダウンロードして、会員登録をしよう

専用サイトから、レッスン受講に使用する端末へアプリをダウンロードしてください。
ダウンロードが完了したらアプリを起動し、画面上の「無料体験レッスン（2回）申込み・新規登録」ボタンを選択します。

必要事項を入力して、登録を完了します。

① 前もって予約ができる日を確認したい場合は、「予約できる日時を確認する」ボタンを押すと、予約可能日をご覧いただけます。

3. レッスンを予約しよう

● 「体験レッスン」を予約する

1

左の緑ボタン「体験レッスンを予約する」から、レッスン予約画面へ。

2

	4 (月)	5 (火)	6 (水)	7 (木)	8 (金)	10 (日)
10:00	休	休	休	休	休	×
10:30	休	休	休	休	休	×
11:00	休	休	休	休	休	×
11:30	休	休	休	休	休	○
12:00	休	休	休	休	休	○
12:30	休	休	休	休	休	○

あと2回分選択できます。
無料体験レッスンは2回受講できます。ご希望の日時を選択してください。

○印の日時が予約可能です。都合の良い日時をえらびます。
複数回をまとめて予約することもできますし、1回ずつ予約することもできます。

3

	4 (月)	5 (火)	6 (水)	7 (木)	8 (金)	10 (日)
10:00	休	休	休	休	休	×
10:30	休	休	休	休	休	×
11:00	休	休	休	休	休	×
11:30	休	休	休	休	休	×
12:00	休	休	休	休	休	×
12:30	休	休	休	休	休	○

あと1回分選択できます。
無料体験レッスンは2回受講できます。ご希望の日時を選択してください。

無料体験レッスンを予約する

都合の良い日時を選択したら、画面下のピンクのボタン「無料体験レッスンを予約する」を押します。

4

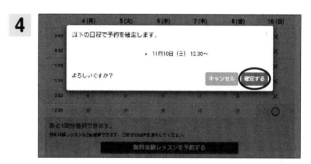

確認画面が出ますので、よろしければ「確定する」ボタンを押して予約を確定します。

オンラインレッスン オススメの受講順

レッスンに慣れよう！ ……… 学習したことを活かそう！

体験レッスン 1回 ➡ この本に連動したオンラインレッスン 3回 ➡ 体験レッスン

● この本に連動した「小学校英語レッスン」を予約する

1 右上「保護者用」メニューから、「クーポンコード」を開きます。

2 この本の巻頭に付属の「クーポンコード」を入力します。クーポンコードを登録すると、「小学校英語レッスン」のレッスンチケットが付与され、オンラインレッスンが3回受講できるようになります。

クーポンコード

👉 巻頭のスクラッチを削ってください。

⚠ チケットの有効期限は受け取った日から60日間です。60日以内に3回分のレッスンの受講をお願いいたします。

3

「保護者用」メニュー→「レッスン予約」に進みます。「レッスンの種類」は「小学校英語レッスン」をえらび、都合の良い日にちと時間を選択します。
画面下の「予約する」ボタンを押して予約を確定します。

4. レッスンを受けよう

レッスンの時間になったらアプリを開き、「レッスンを始める」ボタンをタップするだけ。むずかしい操作がないので、お子さまだけでレッスンを進めることができます。

バイリンガル先生だから安心！

・英語はネイティブレベル、日本語のコミュニケーションもばっちり。英語がはじめてのお子さまも楽しく安心してレッスンを受けられます。
・努力して英語を習得したバイリンガルだからこそ、英会話の指導には自信があります。
・先生たちは子どもが大好き！ お子さまの気持ちをくみ取り、英語へのモチベーションを高めながらレッスンを進めます。

単語や会話表現を
おぼえて、
オンラインレッスンを
やってみよう！

もののなまえや動作などを表すいろいろな単語と
あいさつやおねがいなどの会話表現をおぼえよう。
イラストを見ながら音声をきいてね。

また、この本の内容を使ったオンラインレッスンは、
次のタイミングでやってみよう！

➡ オンラインレッスンをやってみよう！① p.24 〜
➡ オンラインレッスンをやってみよう！② p.38 〜
➡ オンラインレッスンをやってみよう！③ p.52 〜

がつ

にち

🎧 CD 2 いろいろなやさいのなまえをおぼえよう。イラストをみながらきいてね。

① broccoli

② cabbage

③ carrot

④ corn

⑤ cucumber

⑥ eggplant

⑦ green pepper

⑧ mushroom

⑨ onion

⑩ potato

⑪ pumpkin

⑫ tomato

①

②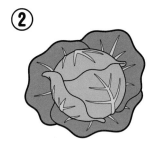

③

④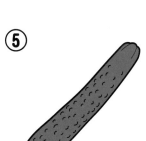

⑤

⑥

⑦

⑧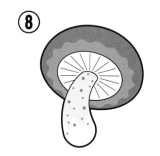

⑨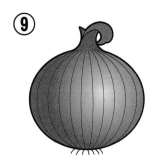

⑩

⑪

⑫

① ブロッコリー　② キャベツ　③ にんじん　④ とうもろこし
⑤ きゅうり　⑥ なす　⑦ ピーマン　⑧ きのこ
⑨ たまねぎ　⑩ じゃがいも　⑪ かぼちゃ　⑫ トマト

2 くだもの

 がつ

にち

いろいろなくだもののなまえがでてくるよ。きみのしっているくだものは、どれくらいあるかな？

①

②

③

④

⑤

⑥

⑦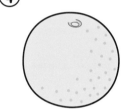

⑧

⑨

⑩

⑪

⑫

- ① apple
- ② banana
- ③ cherry
- ④ grapefruit
- ⑤ grapes
- ⑥ lemon
- ⑦ melon
- ⑧ orange
- ⑨ peach
- ⑩ pineapple
- ⑪ strawberry
- ⑫ watermelon

① りんご	② バナナ	③ さくらんぼ	④ グレープフルーツ
⑤ ぶどう	⑥ レモン	⑦ メロン	⑧ オレンジ
⑨ もも	⑩ パイナップル	⑪ いちご	⑫ すいか

3 たべもの・のみもの①

がつ

にち

 いろいろなたべものや、のみもののなまえをおぼえよう。

① bread
② butter
③ cheese
④ egg
⑤ ham
⑥ milk
⑦ rice
⑧ salad
⑨ sandwich
⑩ soup
⑪ spaghetti
⑫ toast

①
②
③

④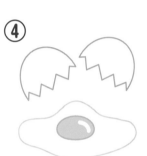
⑤
⑥

⑦
⑧
⑨

⑩
⑪
⑫

① パン　② バター　③ チーズ　④ たまご
⑤ ハム　⑥ ぎゅうにゅう　⑦ ごはん　⑧ サラダ
⑨ サンドイッチ　⑩ スープ　⑪ スパゲティ　⑫ トースト

14

がつ
にち

 きみのすきなものはでてくるかな？

①

②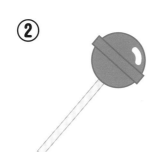

③

① cake

② candy

③ chocolate

④ cola

⑤ cookie

⑥ doughnut

⑦ hamburger

⑧ hot dog

⑨ ice cream

⑩ juice

⑪ potato chips

⑫ water

④

⑤

⑥

⑦

⑧

⑨

⑩

⑪

⑫

---

① ケーキ　　　② キャンディ　　　③ チョコレート　　　④ コーラ
⑤ クッキー　　⑥ ドーナツ　　　　⑦ ハンバーガー　　　⑧ ホットドッグ
⑨ アイスクリーム　⑩ ジュース　　⑪ ポテトチップス　　⑫ みず

5 どうぶつ①

 どうぶつえんにいる、いろいろなどうぶつのなまえをおぼえよう。
イラストをみながらきいてね。

① bear
② kangaroo
③ fox
④ tiger
⑤ monkey
⑥ panda
⑦ zebra
⑧ lion
⑨ elephant
⑩ koala
⑪ giraffe
⑫ gorilla

① くま	② カンガルー	③ きつね	④ とら
⑤ さる	⑥ パンダ	⑦ しまうま	⑧ ライオン
⑨ ぞう	⑩ コアラ	⑪ キリン	⑫ ゴリラ

6 どうぶつ ②

 きみがかいたいとおもうどうぶつはでてくるかな？

①

②

③

④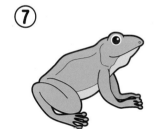

⑤

⑥

⑦

⑧

⑨

⑩

⑪

⑫

① bird
② cat
③ chicken
④ cow
⑤ dog
⑥ fish
⑦ frog
⑧ horse
⑨ mouse
⑩ pig
⑪ rabbit
⑫ snake

① とり	② ねこ	③ にわとり	④ うし
⑤ いぬ	⑥ さかな	⑦ かえる	⑧ うま
⑨ ねずみ	⑩ ぶた	⑪ うさぎ	⑫ へび

 いろいろな、かぐやしょっきのなまえがでてくるよ。

① kitchen
② plate
③ spoon
④ knife
⑤ fork
⑥ table
⑦ sofa
⑧ cushion
⑨ phone
⑩ cup
⑪ newspaper
⑫ TV

① だいどころ	② さら	③ スプーン	④ ナイフ
⑤ フォーク	⑥ テーブル	⑦ ソファ	⑧ クッション
⑨ でんわ	⑩ カップ	⑪ しんぶん	⑫ テレビ

8 いえ②

CD 9 しんしつや、こどもべやにあるもののなまえをおぼえよう。

- ① map
- ② book
- ③ desk
- ④ chair
- ⑤ calendar
- ⑥ doll
- ⑦ mirror
- ⑧ bedroom
- ⑨ window
- ⑩ door
- ⑪ pillow
- ⑫ bed

① ちず	② ほん	③ つくえ	④ いす
⑤ カレンダー	⑥ にんぎょう	⑦ かがみ	⑧ しんしつ
⑨ まど	⑩ ドア	⑪ まくら	⑫ ベッド

9 みにつけるもの①

CD 10　みにつけるものは、えいごでなんていうのかな？　イラストをみながらきいてね。

① bag
② belt
③ cap
④ glasses
⑤ gloves
⑥ jacket
⑦ jeans
⑧ pants
⑨ shoes
⑩ socks
⑪ T-shirt
⑫ watch

---

① かばん　　② ベルト　　③ ぼうし　　④ めがね
⑤ てぶくろ　⑥ うわぎ　　⑦ ジーンズ　⑧ ズボン
⑨ くつ　　　⑩ くつした　⑪ Tシャツ　⑫ うでどけい

いろいろなようふくや、アクセサリーについておぼえよう。

①

②

③

④

⑤

⑥

① blouse

② boots

③ coat

④ handkerchief

⑤ necklace

⑥ pajamas

⑦

⑧

⑨

⑦ ribbon

⑧ ring

⑨ scarf

⑩ skirt

⑪ sweater

⑫ umbrella

⑩

⑪

⑫

---

① ブラウス   ② ブーツ   ③ コート   ④ ハンカチ

⑤ ネックレス   ⑥ パジャマ   ⑦ リボン   ⑧ ゆびわ

⑨ スカーフ   ⑩ スカート   ⑪ セーター   ⑫ かさ

⑪ あいさつ ①

 CD 12　かぞくやともだちとするあいさつをおぼえよう。２かいずつよまれるので、よくきいてね。

 がつ　にち

(1)

Good morning, Mom.

Good morning.

おとこのこ：おはよう、おかあさん。
おかあさん：おはよう。

(2)

See you tomorrow.

Bye.

おとこのこ：また、あした。
おんなのこ：さようなら。

(3)

I'm home!

Welcome home!

おんなのこ：ただいま！
おかあさん：おかえりなさい！

(4)

Good night, Dad.

Good night.

おんなのこ：おやすみなさい、おとうさん。
おとうさん：おやすみ。

12 あいさつ ②

はじめてあうひととのあいさつや、おれい、あやまるひょうげんを
おぼえよう。2かいずつよまれるので、よくきいてね。

(1)

Nice to meet you.

Nice to meet you, too.

おとこのこ：はじめまして。
おんなのこ：こちらこそ、はじめまして。

(2)

Thank you.

You're welcome.

おんなのこ：ありがとう。
おとこのこ：どういたしまして。

(3)

How are you?

I'm fine, thank you.

おんなのこ：げんきですか？
おとこのこ：げんきだよ、ありがとう。

(4)

I'm sorry.

Don't worry.

おんなのこ：ごめんなさい。
おとこのこ：しんぱいしないで。

オンラインレッスン
をやってみよう！①

にち

Greeting Time! 元気に先生にあいさつをしよう！
自分のなまえも伝えよう！

Let's Listen!

これからそれぞれの絵について、先生が1番、2番、3番の3つの文を英語で言うよ。絵にあっていると思う文を1つえらんで、英語で番号と文を言おう。

(1) 　(2)

(3) 　(4)

🔊 先生のあとについて、こたえの英文を言ってみよう！

Let's Speak!

これから先生が絵の中の1人になって質問するよ。その質問に対して、絵を見ながらYesまたはNoを使ってこたえよう。

(1) 　(2)

(3)

(4)

🔊 先生のあとについて、 こたえの英文を言ってみよう！

 Let's Chat!

ここまで学んだことを思い出して、それぞれの絵について、どのような会話をしているかそうぞうしよう。そして、じっさいに先生とあいさつなどを使った会話をしよう。

(1)

(2)

(3)

(4)

Goodbye Time! レッスン終了！
先生にお別れのあいさつをしよう！

⑬ おんがく

CD 14 いろいろなおんがくにかんけいすることばがながれるよ。きみのしっているがっきはあるかな？

① CD
② song
③ singer
④ castanets
⑤ drum
⑥ flute
⑦ guitar
⑧ harmonica
⑨ organ
⑩ piano
⑪ trumpet
⑫ violin

①

②

③

④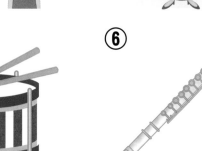

⑤

⑥

⑦

⑧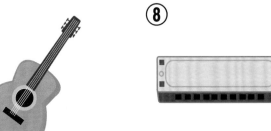

⑨

⑩

⑪

⑫

① シーディー　②うた　③かしゅ　④カスタネット
⑤たいこ　⑥フルート　⑦ギター　⑧ハーモニカ
⑨オルガン　⑩ピアノ　⑪トランペット　⑫バイオリン

1から12までをえいごでおぼえよう。

①

② ③

④

⑤

⑥

⑦

⑧

⑨

⑩

⑪

⑫

① one
② two
③ three
④ four
⑤ five
⑥ six
⑦ seven
⑧ eight
⑨ nine
⑩ ten
⑪ eleven
⑫ twelve

① いち　　　② に　　　　③ さん　　　④ し（よん）
⑤ ご　　　　⑥ ろく　　　⑦ しち（なな）⑧ はち
⑨ く（きゅう）⑩ じゅう　　⑪ じゅういち　⑫ じゅうに

どうし①

CD 16　からだのうごきにかんけいすることばをおぼえよう。イラストをみ
ながらきいてね。

① run
② walk
③ sing
④ dance
⑤ sleep
⑥ smile
⑦ cry
⑧ jump
⑨ fly

①

② ③

④

④

⑤ ⑥

⑦

⑦

⑧ ⑨

① はしる	② あるく	③ うたう
④ おどる	⑤ ねむる	⑥ にっこりわらう
⑦ なく	⑧ ジャンプする	⑨ とぶ

16 どうし②

 きみがいつもしていることは、でてくるかな？

①

②

③

① brush my teeth

② wash my face

③ wear a coat

④ clean the table

⑤ go to school

⑥ open the window

⑦ close the window

⑧ put on a cap

⑨ take off a cap

④

⑤

⑥

⑦

⑧

⑨

① はをみがく   ② かおをあらう   ③ コートをきている

④ テーブルをきれいにする   ⑤ がっこうへいく   ⑥ まどをあける

⑦ まどをしめる   ⑧ ぼうしをかぶる   ⑨ ぼうしをぬぐ

けいようし①

 きもちや、おてんきにかんけいすることばをおぼえよう。

① happy
② sad
③ hot
④ cold
⑤ hungry
⑥ sweet
⑦ new
⑧ old
⑨ sunny
⑩ cloudy
⑪ rainy
⑫ windy

①

②

③

④

⑤

⑥

⑦

⑧

⑨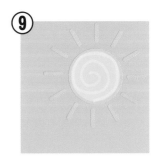

⑩

⑪

⑫

① うれしい・しあわせな　② かなしい　③ あつい　④ さむい
⑤ おなかがすいた　⑥ あまい　⑦ あたらしい　⑧ ふるい
⑨ はれている　⑩ くもっている　⑪ あめふりの　⑫ かぜのつよい

けいようし②

もののようすをあらわすことばをおぼえよう。

①

③

④

②

⑤

⑥

⑦

⑧

⑨

⑩

⑪

⑫

① good

② bad

③ big

④ small

⑤ long

⑥ short

⑦ fast

⑧ slow

⑨ many

⑩ some

⑪ hard

⑫ soft

① よい	② わるい	③ おおきい	④ ちいさい
⑤ ながい	⑥ みじかい	⑦ はやい	⑧ おそい
⑨ たくさんの	⑩ いくつかの	⑪ かたい	⑫ やわらかい

かお・からだ

CD 20 かおやからだのぶぶんのなまえをおぼえよう。イラストをみながら
きいてね。

---

① hair

② eye

③ ear

④ nose

⑤ mouth

⑥ face

⑦ head

⑧ neck

⑨ shoulder

⑩ arm

⑪ hand

⑫ foot

---

① かみのけ	② め	③ みみ	④ はな
⑤ くち	⑥ かお	⑦ あたま	⑧ くび
⑨ かた	⑩ うで	⑪ て	⑫ あし

20 # いろ・かたち

がつ

にち

いろやかたちをあらわすことばをおぼえよう。

① 　② 　③

① red
② blue
③ yellow
④ green
⑤ purple
⑥ pink
⑦ brown
⑧ white
⑨ black
⑩ circle
⑪ square
⑫ triangle

④ 　⑤ 　⑥

⑦　⑧ 　⑨

⑩ 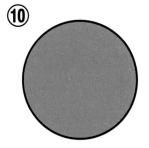　⑪ 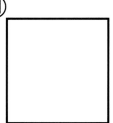　⑫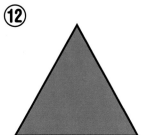

① あか	② あお	③ きいろ	④ みどり
⑤ むらさき	⑥ ピンク	⑦ ちゃいろ	⑧ しろ
⑨ くろ	⑩ まる	⑪ しかく	⑫ さんかく

21 まち

まちにある、たてものやおみせのなまえがでてくるよ。きみのよく
いくばしょは、どこかな？

① supermarket
② zoo
③ hospital
④ post office
⑤ fire station
⑥ restaurant
⑦ bus stop
⑧ park
⑨ bank
⑩ pool
⑪ school
⑫ station

① スーパー
② どうぶつえん
③ びょういん
④ ゆうびんきょく
⑤ しょうぼうしょ
⑥ レストラン
⑦ バスてい
⑧ こうえん
⑨ ぎんこう
⑩ プール
⑪ がっこう
⑫ えき

 いろいろなしつもんと、そのこたえかたをおぼえよう。

(1)

Is this your ball?

Yes, it is!

おんなのこ：これはあなたのボール？
おとこのこ：うん、そうだよ！

(2)

Is it five o'clock?

No, it's four o'clock.

おんなのこ：5じですか？
おかあさん：いいえ、4じよ。

(3)

Are these your books?

Yes, they are.

おとこのこ：これらはあなたのほん？
おんなのこ：うん、そうよ。

(4)

Are those your caps?

No, they aren't.

おんなのこ：あれらはあなたのぼうし？
おとこのこ：いいや、ちがうよ。

がつ

にち

ほしいものやすきなものをたずねるしつもんと、そのこたえかたを
おぼえよう。

(1) What do you want?

I want a red pen.

おとうさん：なにがほしいの？

おとこのこ：あかいペンがほしいな。

(2) Do you want some water?

Yes, please.

おかあさん：みずがほしい？

おとこのこ：うん、おねがい。

(3) Do you like cats?

Yes, I do.

おかあさん：あなたはねこがすきですか？

おんなのこ：はい、すきです。

(4) Do you have a notebook?

No, I don't.

おんなのこ：ノートをもっている？

おとこのこ：いいや、もってないよ。

24 しつもん③

ばしょやものをたずねるしつもんと、そのこたえかたをおぼえよう。

(1)

Where is the ball?

It's under the tree.

おとこのこ：ボールはどこ？
おんなのこ：きのしたよ。

(2)

What are you drawing?

I'm drawing a rabbit.

おとうさん：なにをかいているの？
おんなのこ：うさぎをかいているのよ。

(3)

Are you hungry?

Yes, I am.

おかあさん：おなかがすいているの？
おとこのこ：うん、すいているよ。

(4)

Can I open this?

Sure.

おとこのこ：これをあけてもいいですか？
おんなのこ：もちろん。

オンラインレッスン をやってみよう！②

レッスン内容はp.79

Greeting Time! 元気に先生にあいさつをしよう！
自分のなまえも伝えよう！

Let's Listen!

❶これからそれぞれの絵について、先生が３つのヒントを言うよ。その内容にあっていると思う絵を１つえらんで、英語で絵の番号と動物のなまえを言おう。

🔊 先生のあとについて、こたえの英文を言ってみよう！

❷これからアヤカちゃんについて話をするよ。その内容にあっていると思う絵を１つえらんで、英語で絵の番号を言おう。

🔊 先生のあとについて、こたえの英文を言ってみよう！

Let's Speak!

これから先生が2人の子どもに質問をするよ。それぞれの質問に対して、絵にあるものを使ってこたえよう。

(1)

(2)

 先生のあとについて、こたえの英文を言ってみよう！

Let's Chat!

ここまで学んだことを思い出して、それぞれの絵について、どのような会話をしているかそうぞうしよう。そして、じっさいに先生と質問のやりとりをしよう。

(1)

(2)

(3)

(4)

Goodbye Time! レッスン終了！
先生にお別れのあいさつをしよう！

のりもの

 いろいろなのりもののなまえをおぼえよう。

① airplane

② balloon

③ bicycle

④ boat

⑤ bus

⑥ car

⑦ helicopter

⑧ rocket

⑨ ship

⑩ taxi

⑪ train

⑫ truck

①

②

③

④

⑤

⑥

⑦

⑧

⑨

⑩

⑪

⑫

① ひこうき	② ききゅう	③ じてんしゃ	④ ボート
⑤ バス	⑥ じどうしゃ	⑦ ヘリコプター	⑧ ロケット
⑨ ふね	⑩ タクシー	⑪ でんしゃ	⑫ トラック

いろいろなしごとのなまえがでてくるよ。イラストをみながらきいてね。

①

②

③

④

⑤

⑥

⑦

⑧

⑨

⑩

⑪

⑫

---

① cook

② dentist

③ doctor

④ firefighter

⑤ musician

⑥ nurse

⑦ pianist

⑧ pilot

⑨ police officer

⑩ soccer player

⑪ student

⑫ teacher

---

① コック　　　② はいしゃ　　　③ いしゃ　　　④ しょうぼうし
⑤ おんがくか　⑥ かんごし　　　⑦ ピアニスト　⑧ パイロット
⑨ けいさつかん ⑩ サッカーせんしゅ ⑪ せいと　　　⑫ せんせい

27 しぜん

 やまやうみ、そらにあるもののなまえをおぼえよう。

① sky

② sun

③ moon

④ star

⑤ sea

⑥ mountain

⑦ hill

⑧ lake

⑨ flower

⑩ tree

⑪ river

⑫ forest

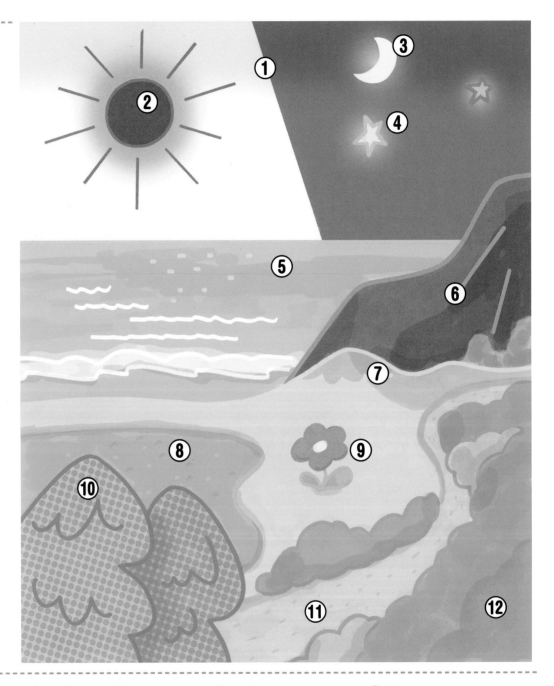

① そら	② たいよう	③ つき	④ ほし
⑤ うみ	⑥ やま	⑦ おか	⑧ みずうみ
⑨ はな	⑩ き	⑪ かわ	⑫ もり

 いろいろなどうさをあらわすことばをおぼえよう。

①

②

③

① stand up

② sit down

③ eat an apple

④ drink coffee

⑤ cut a carrot

⑥ make spaghetti

⑦ play the violin

⑧ watch TV

⑨ listen to music

④

⑤

⑥

⑦

⑧

⑨

① たちあがる	② すわる	③ りんごをたべる
④ コーヒーをのむ	⑤ にんじんをきる	⑥ スパゲティをつくる
⑦ バイオリンをひく	⑧ テレビをみる	⑨ おんがくをきく

きみがふだんしていることは、えいごでなんていうのかな？

① hit a ball

② kick a ball

③ throw a ball

④ catch a ball

⑤ buy a book

⑥ read a book

⑦ draw a picture

⑧ write a letter

⑨ study English

①

②

③

④

⑤

⑥

⑦

⑧

⑨

① ボールをうつ
② ボールをける
③ ボールをなげる

④ ボールをとる
⑤ ほんをかう
⑥ ほんをよむ

⑦ えをかく
⑧ てがみをかく
⑨ えいごをべんきょうする

30 かぞく・ひと

かぞくやひとをあらわすことばをおぼえよう。イラストをみながら
きいてね。

① baby

② boy

③ girl

④ man

⑤ woman

⑥ family

⑦ grandfather

⑧ grandmother

⑨ father

⑩ mother

⑪ brother

⑫ sister

---

① あかちゃん	② おとこのこ	③ おんなのこ	④ おとこのひと
⑤ おんなのひと	⑥ かぞく	⑦ おじいさん	⑧ おばあさん
⑨ おとうさん	⑩ おかあさん	⑪ おにいさん・おとうと	⑫ おねえさん・いもうと

 がっこうにあるものや、かもくのなまえがでてくるよ。

① blackboard
② chalk
③ clock
④ gym
⑤ playground
⑥ English
⑦ Japanese
⑧ math
⑨ social studies
⑩ science
⑪ music
⑫ P.E.

①

②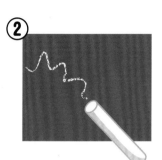

③

④

⑤

⑥

⑦

⑧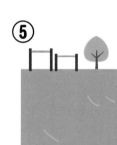

⑨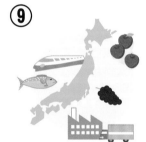

⑩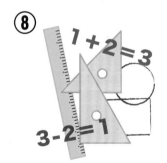

⑪

⑫

① こくばん
② チョーク
③ とけい
④ たいいくかん
⑤ うんどうじょう
⑥ えいご
⑦ こくご
⑧ さんすう
⑨ しゃかいか
⑩ りか
⑪ おんがく
⑫ たいいく

ぶんぼうぐ

がつ

にち

 いろいろなぶんぼうぐのなまえをおぼえよう。

①

②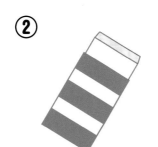

③

④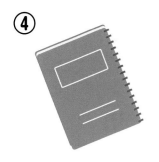

⑤

⑥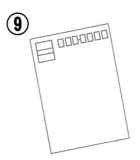

⑦

⑧

⑨

⑩

⑪

⑫

① crayon
② eraser
③ glue
④ notebook
⑤ paper
⑥ pen
⑦ pencil
⑧ pencil case
⑨ postcard
⑩ ruler
⑪ scissors
⑫ stamp

---

① クレヨン　② けしゴム　③ のり　④ ノート
⑤ かみ　⑥ ペン　⑦ えんぴつ　⑧ ふでばこ
⑨ はがき　⑩ じょうぎ　⑪ はさみ　⑫ きって

スポーツ 33

 きみのすきなスポーツはでてくるかな？

① badminton

② baseball

③ basketball

④ jump rope

⑤ marathon

⑥ skating

⑦ skiing

⑧ soccer

⑨ swimming

⑩ table tennis

⑪ tennis

⑫ volleyball

① バドミントン　② やきゅう　③ バスケットボール　④ なわとび
⑤ マラソン　⑥ スケート　⑦ スキー　⑧ サッカー
⑨ すいえい　⑩ たっきゅう　⑪ テニス　⑫ バレーボール

34 おねがい①

 おねがいのしかたと、それにたいするこたえかたをおぼえよう。

(1)

Can you clean the table?

Sure.

おかあさん：テーブルをきれいにしてくれる？
おとこのこ：いいよ。

(2)

Please call Dad.

All right!

おかあさん：おとうさんにでんわして。
おんなのこ：わかったわ！

(3)

Please open the door.

OK!

おかあさん：ドアをあけてちょうだい。
おとこのこ：はーい！

(4)

Pass me the fork, please.

Here you are.

おとこのこ：フォークをとってください。
おとうさん：はい、どうぞ。

35 おねがい②

ちゅういや、なにかをして、とつたえるひょうげんと、そのこたえかたをおぼえよう。

(1)

Don't run.

I'm sorry.

せんせい　　：はしらないで。
おとこのこ：ごめんなさい。

(2)

Hurry up, Dad.

I'm coming.

おんなのこ：いそいで、おとうさん。
おとうさん：いまいくよ。

(3)

Go to bed now.

Yes, Mom.

おかあさん：もうねなさい。
おんなのこ：はい、おかあさん。

(4)

Brush your teeth.

I will.

おかあさん：はをみがきなさい。
おとこのこ：そうします。

 いっしょになにかをしようよ、とさそうひょうげんをおぼえよう。

(1)

Let's study together.

Sure.

おとこのこ：いっしょにべんきょうしよう。
おんなのこ：いいわよ。

(2)

Let's play catch.

Yes, let's.

おとこのこ：キャッチボールをしよう。
おにいさん：うん、そうしよう。

(3)

Let's swim now.

OK.

おんなのこ：さあ、およごうよ。
おとこのこ：いいよ。

(4)

Let's sing a song.

Good idea.

おんなのこ：うたをうたいましょう。
おとこのこ：いいかんがえだね。

オンラインレッスン をやってみよう！③

がつ

にち

レッスン内容はp.80

Greeting Time! 元気に先生にあいさつをしよう！
自分のなまえも伝えよう！

Let's Listen!

これから女の子と男の子が話をするよ。その内容にあっていると思う絵を１つずつえらんで、英語で絵の番号を言おう。

Let's Speak!

これから先生が男の子に話しかけるよ。先生がえらんだ番号の絵を見ながら、男の子になったつもりで絵にあう返事をしよう。

4	5	6

 先生のあとについて、 こたえの英文を言ってみよう!

Let's Chat!

ここまで学んだことを思い出して、それぞれの絵について、どのような会話をしているかそうぞうしよう。そして、じっさいに先生とおねがいやおさそいのやりとりをしよう。

(1)

(2)

(3)

(4)

Goodbye Time! レッスン終了!
先生にお別れのあいさつをしよう!

英検Jr.®BRONZE（ブロンズ）とは

英検Jr.®は、公益財団法人 日本英語検定協会が実施するリスニングテストです。3つのレベルからえらんで受験でき、その中でBRONZE（ブロンズ）は英検Jr.®をはじめて受験する子どもを対象にしています。

英検Jr.®の特徴

英語を聞いて○をつけるだけ

聞いた英語にあったイラストや音声をえらび、解答欄に○をつけるシンプルなテストです。お子さまはゲーム感覚で楽しめます。

合否ではなく到達度を測定

合格・不合格はなく、到達度を測定します。お子さまがざせつ感を味わうことがないように、結果は正答率で示されます。

英検Jr.®の受験方法

受験方法はペーパー版（グループ受験のみ）とオンライン版（個人受験、グループ受験）があります。くわしくは、英検Jr.®のウェブサイトをご確認ください。

https://www.eiken.or.jp/eiken-junior/

BRONZE（ブロンズ）のテスト内容

小問数（大問数）	40問（7問）
テスト時間	約30分
到達目標	① 英語の音やリズムに慣れ親しむ ② 初歩的なコミュニケーションに必要な語句や簡単な表現を聞き、理解する
出題のねらい	語句：定型表現や基本文中の名詞、形容詞、動詞の聞き取り
	会話：あいさつや、動詞を含んだ初歩的な会話（1往復）の聞き取り
	文章：簡単で短い文章（1～3文）の聞き取り
主な話題・場面	日常生活（家庭・学校など）での身近なできごと、家族・先生・友人との交流、朝起きてから寝るまでにすること、毎日の生活に欠かせないこと、子どもの関心のあることなど
主な言語材料	語彙：食べ物、動物、色、時や天候、数、体の部分、乗り物、日常生活の基本的な動作など
	ことばのはたらき：物事の確認、紹介、同意、あいさつ、好き嫌い、感謝、依頼など

※英検Jr.®は、公益財団法人 日本英語検定協会の登録商標です。

※本書の情報は2020年1月現在のものです。内容は変わることがありますので、くわしくは公益財団法人 日本英語検定協会までお問い合わせください。

英検Jr.®BRONZE(ブロンズ)のテストをやってみよう！

がつ
にち

ここまでの学習をふりかえって、
英検Jr.®BRONZE（ブロンズ）の
テストにチャレンジしよう！
最後のチャレンジコーナーには正解がないので、
質問に対して、自分の考えにあう応答をえらんでね。

終わったら、どのくらいできたか
こたえ合わせをしてみよう！

➡ 問題 p.56 〜
➡ こたえと指導のポイント p.70 〜

1 絵にあう文は？

こたえp.70〜71

CD 38 やってみよう！

これからそれぞれの絵について1番、2番、3番の3つの文を英語で言います。絵にあっていると思う文を1つえらびましょう。3つの文は1回しか言いません。

(1)

1	2	3

(2)

1	2	3

(3)

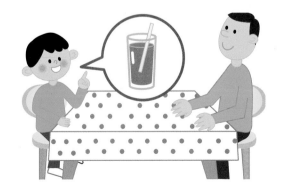

1	2	3

CD 39 やってみよう！

(4)

1	2	3

(5)

1	2	3

(6)

1	2	3

やってみよう！

(7)

1	2	3

(8)

1	2	3

こたえp.71 ～ 72

 やってみよう！

これから絵の中の1人が質問をします。そのあと、その質問に対して、もう1人が1番、2番、3番の3つの返事を言います。その中から、あっていると思う返事を1つえらびましょう。質問と返事は1回ずつしか言いません。

(1)

1	2	3

(2)

1	2	3

(3)

1	2	3

(4)

1	2	3

(5)

1	2	3

3 3ヒントクイズ

こたえp.73

やってみよう！

これからこの中にいるだれかが、自分について３つのヒントを言います。だれが話しているのかをあてましょう。こたえがわかったら、その番号を１つえらびましょう。ヒントは２回ずつくり返されます。

(1)

1	2	3	4	5	6

(2)

1	2	3	4	5	6

(3)

1	2	3	4	5	6

(4)

1	2	3	4	5	6

4 文にあう絵は？

こたえp.74

CD 44 やってみよう！

これからキャサリンちゃんの話をします。それぞれの話にあっていると思う絵を1つえらびましょう。話は2回ずつくり返されます。

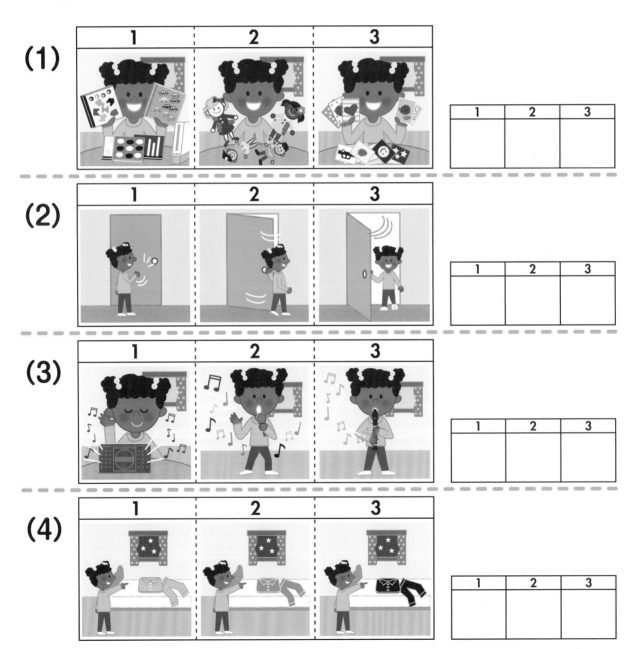

やってみよう！

今度はねこのマーティンくんの話をします。

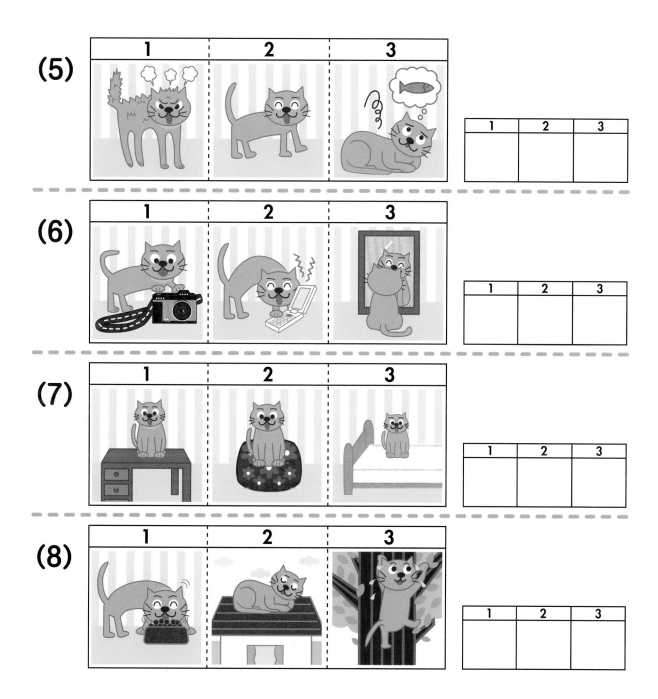

こたえp.75

CD 46 やってみよう！

これから男の子と女の子が話をします。どの絵の中で話をしているのか、あっていると思う絵を１つずつえらびましょう。話は２回ずつくり返されます。

(1)

1	2	3	4

(2)

1	2	3	4

(3)

1	2	3	4

今度は女の子とお母さんが話をします。

1	2	3	4

(4)

1	2	3	4

(5)

1	2	3	4

(6)

こたえp.76

やってみよう！

これから４人の子どもたちにそれぞれ質問をします。そのあと子どもたちが
返事をしますから、その内容にあっている絵を全部えらびましょう。質問と
返事は２回ずつくり返されます。

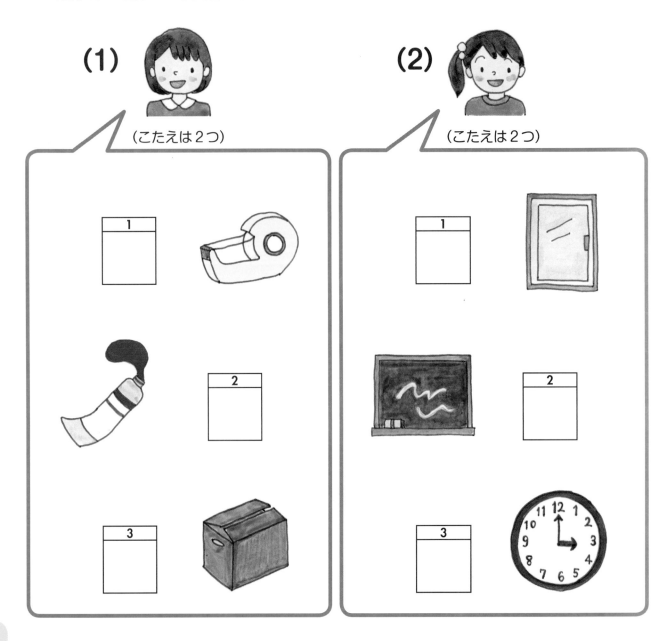

(1) （こたえは２つ）

(2) （こたえは２つ）

(3) （こたえは２つ）

(4) （こたえは３つ）

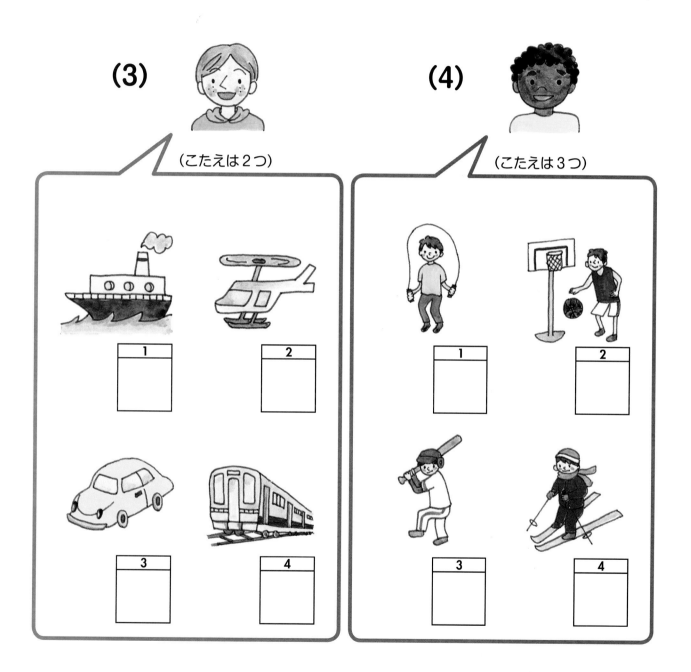

7 どうすればいいかな？

こたえp.76〜77

やってみよう！

これからジャクソン先生が男の子に話しかけます。そのあと、男の子はどのようにしたでしょうか。内容にあてはまる絵を1つずつえらびましょう。話しかけは、2回ずつくり返されます。

(1)

1	2	3	4	5	6

(2)

1	2	3	4	5	6

(3)

1	2	3	4	5	6

(4)

1	2	3	4	5	6

(5)

1	2	3	4	5	6

68

チャレンジコーナー

こたえp.77

CD 51 これからカッパのカッちゃんがあなたに4つの質問をします。その質問をきいて、あなたがYes、またはGoodと思ったら1番を、No、またはNot goodと思ったら2番をえらびましょう。

(1)

1	2

(2)

1	2

(3)

1	2

(4)

1	2

1 絵にあう文は？

問題p.56 ~ 58

指導のポイント

3つの文の異なる部分を聞き取ることがポイントです。本番では1度しか読まれませんが、初めのうちは耳慣らしも兼ねて、2、3回ずつ聞いてみてもいいでしょう。文の中では、重要なことばは**「ゆっくり、高めに」**発音されることが多いので、そのことばに気付くことが大切です。ひととおり解き終わったら、正解以外のことばもおぼえてみましょう。

やってみよう！

➡ こたえ (1) 3 (2) 1 (3) 3 (4) 2 (5) 1 (6) 1 (7) 1 (8) 1

			いみ
(1)	1	There are many bananas.	たくさんのバナナがあります。
	2	There are many peaches.	たくさんの桃があります。
	3	There are many grapefruits.	たくさんのグレープフルーツがあります。
(2)	1	This is my sandwich.	これは私のサンドイッチです。
	2	This is my hot dog.	これは私のホットドッグです。
	3	This is my spaghetti.	これは私のスパゲティです。
(3)	1	I want some water.	ぼくは水がほしいな。
	2	I want some milk.	ぼくは牛乳がほしいな。
	3	I want some juice.	ぼくはジュースがほしいな。
(4)	1	I have a pencil.	私は鉛筆を持っています。
	2	I have a crayon.	私はクレヨンを持っています。
	3	I have a notebook.	私はノートを持っています。
(5)	1	That's an elephant.	あれはぞうだよ。
	2	That's a gorilla.	あれはゴリラだよ。
	3	That's a panda.	あれはパンダだよ。
(6)	1	There's a cow.	牛がいます。
	2	There's a horse.	馬がいます。
	3	There's a pig.	豚がいます。

				い み

(7) 　1　It's a sofa.　　　　　　　　　　それはソファです。
　　　2　It's a table.　　　　　　　　　　それはテーブルです。
　　　3　It's a chair.　　　　　　　　　　それはいすです。

- -

(8) 　1　I like volleyball.　　　　　　　　私はバレーボールが好きです。
　　　2　I like tennis.　　　　　　　　　　私はテニスが好きです。
　　　3　I like soccer.　　　　　　　　　　私はサッカーが好きです。

ここに注意！

(1)　There are 〜 . は「（2つ以上の人や物）がいます［あります］。」の意味です。1つのときは There is 〜 . と言います。

(3)　some は「いくらかの［いくつかの］」の意味です。

(5)　elephant のように母音で始まることばの前には、a の代わりに an が付きます。
　　an elephant と続けて発音されるので注意しましょう。

(6)　There's 〜 . は There is 〜 . 「〜がいます［あります］。」の短縮形です。

✅発音チェック　(2) hot dog、spaghetti　(3) water　(5) gorilla　(7) sofa
　　　　　　　　(8) volleyball

---

2 Yesか？ Noか？

問題p.59 〜 60

指導のポイント

質問のパターンはだいたい決まっているので、Do you 〜 ? や Is that [this] 〜 ? などの表現と、それに対する応答をセットでおぼえておくと役に立つでしょう。ものの様子を表すことばも出題されますので、イラストで単語をおぼえるページの「けいようし①・②」も見てみましょう。

やってみよう！
CD 41~42

➡ こたえ　(1) 1　(2) 1　(3) 2　(4) 3　(5) 3

				い み

(1)　　Girl：Do you have a handkerchief?　　女の子：ハンカチを持っていますか。
　　　Mom：1　Yes, I do.　　　　　　　　　お母さん：1　はい、持っています。
　　　　　　　2　No, I have a necklace.　　　　　　　　　2　いいえ、私はネックレスを持っています。
　　　　　　　3　No, I have a ring.　　　　　　　　　　　3　いいえ、私は指輪を持っています。

(2) Girl : Is it six o'clock?
Dad : 1 Yes, it is.
2 No, it's eight o'clock.
3 No, it's nine o'clock.

女の子：今6時なの？
お父さん：1 ああ、そうだよ。
2 いや、今8時だよ。
3 いや、今9時だよ。

(3) Girl : Is this an old piano?
Boy : 1 Yes, it is.
2 No, it's a new piano.
3 No, it's a small piano.

女の子：これは古いピアノですか。
男の子：1 はい、そうです。
2 いいえ、これは新しいピアノです。
3 いいえ、これは小さなピアノです。

(4) Boy : Is there a spoon?
Mom : 1 Yes, there is.
2 No, there is a cup.
3 No, there is a knife.

男の子：そこにスプーンがあるの？
お母さん：1 ええ、あるわ。
2 いいえ、カップがあるわ。
3 いいえ、ナイフがあるわ。

(5) Dad : Do you like pineapples?
Girl : 1 Yes, I do.
2 No, I like melons.
3 No, I like cherries.

お父さん：パイナップルは好きかい？
女の子：1 ええ、好きよ。
2 いいえ、私はメロンが好きよ。
3 いいえ、私はさくらんぼが好きよ。

⚠ ここに注意！

(2) 時刻はIt's ～ .で表します。～o'clockは「～時（ちょうど）」の意味ですが、省略して It's six.のように言うことも可能です。

✔ 発音チェック (1) handkerchief (5) pineapples

3ヒントクイズ

問題p.61

☞ **指導のポイント**

ヒントが2回ずつ読まれることもあり、クイズ感覚で楽しく取り組める問題です。身体的な特徴 (big / long ears)、色 (green)、持ち物・服装 (glasses / gloves)、動作 (I'm 〜ing.) などの表現に慣れておきましょう。

 やってみよう！

➡ **こたえ** (1) 1　(2) 3　(3) 2　(4) 5

	いみ
(1) I have big eyes. I'm smiling. I like flowers. What am I?	私の目は大きいです。 私はにこにこしています。 私は花が好きです。 私は何でしょう？
(2) I like the sky. I have many legs. I'm dancing. What am I?	私は空が好きです。 私には足がたくさんあります。 私は踊っています。 私は何でしょう？
(3) I'm jumping. I have gloves. I have long ears. What am I?	私は跳びはねています。 私は手袋をしています。 私の耳は長いです。 私は何でしょう？
(4) I'm green. I'm eating. I have glasses. What am I?	私は緑色です。 私は食べています。 私はめがねをかけています。 私は何でしょう？

 ここに注意！

(1)〜(4) 人間ではないので、Who「だれ」ではなく、<u>What am I?</u>「私は何でしょう？」と聞いています。

I'm 〜ing. で「今〜しているところです。」を表します。

✔**発音チェック**　(1) flowers　(3) gloves

4 文にあう絵は？

 指導のポイント

まず、3枚の絵を見比べて、その違いを見つけましょう。それぞれの絵が何を表しているのかを考えてから、英語の文を聞くことが大切です。初めは問題を流す前に、考える時間を少しあげるといいでしょう。

 やってみよう！

➡ **こたえ** (1) **2** (2) **2** (3) **1** (4) **3** (5) **3** (6) **3** (7) **1** (8) **2**

		いみ
(1)	Catherine has many dolls.	キャサリンはたくさんの人形を持っています。
(2)	Catherine closes the door.	キャサリンはドアを閉めます。
(3)	Catherine listens to music.	キャサリンは音楽を聞きます。
(4)	There are red pajamas.	赤いパジャマがあります。
(5)	Martin is very hungry.	マーティンはとてもおなかがすいています。
(6)	Martin likes the mirror.	マーティンは鏡が好きです。
(7)	Martin is on the desk.	マーティンは机の上にいます。
(8)	Martin is sleeping.	マーティンは眠っています。

 ここに注意！

(1) has の元の形は have。主語が I と you 以外の単数なので has になります。many は「たくさんの」の意味。

(2) close は「閉める」の意味。(1) と同様の理由で、closes になります。(3)(6)の動詞も s が付いています。

(4) パジャマは上下でセットなので、pajamas と複数形で使います。

✔ **発音チェック** (4) red (6) mirror

5 お話にあう絵は？

☝ 指導のポイント

聞こえてくる会話の場面としてふさわしいものを選びます。絵は4枚で一組ですが、そのうち1枚は使われません。絵の中の人物の気持ちを想像して、こんなときはどう言うかを考えてみましょう。

 やってみよう！

➡ こたえ　(1) 3　(2) 4　(3) 2　(4) 1　(5) 4　(6) 3

		いみ
(1)	Boy : Good morning, Misa. Misa : Good morning.	男の子：ミサ、おはよう。 ミサ：おはよう。
(2)	Misa : This is great! Boy : Thank you.	ミサ：これ、すごい！ 男の子：ありがとう。
(3)	Misa : Oh, I'm sorry. Boy : That's OK.	ミサ：あら、ごめんなさい。 男の子：大丈夫だよ。
(4)	Girl : Hurry up, Mom. Mom : I'm coming.	女の子：お母さん、急いで。 お母さん：今、行くわ。
(5)	Mom : How do you like it? Girl : It's fun!	お母さん：どう［気に入った］？ 女の子：楽しいわ！
(6)	Mom : Are you cold? Girl : Yes, I am.	お母さん：寒いの？ 女の子：うん、寒い。

 ここに注意！

(2) This is great!「これはすばらしい［すごい］！」のようにほめられたら、Thank you. と応じます。

(4) 相手のいる方へ「行く」場合、comeを使います。「今、行きます。」はI'm coming. となります。

(5) How do you like (it)? は「(それを) どう思いますか？」と感想をたずねるときの表現です。itは今いる場所や今していることを指します。

✔発音チェック　(4) hurry up

6 みんなにきいてみよう

問題 p.66 〜 67

指導のポイント

4人の子どもたちが順番に答えます。聞こえたものすべてに○をつけましょう。英語では、3つ以上の物を並べて言うとき、A, B, and C のように、AとBの間にはandを挟まず、最後の2つの間に1度だけ加えることにも注意しましょう。

 CD 48~49 やってみよう！

➡ こたえ　(1) **1、3**　(2) **3、2**　(3) **4、1**　(4) **2、3、1**

		いみ

(1)　Dad : What do you have, Kaori?
　　Kaori : I have tape and a box.

　　お父さん：カオリ、何を持っているんだい？
　　カオリ：私はテープと箱を持っています。

(2)　Woman : What do you see, Saya?
　　Saya : I see a clock and a
　　　　　　blackboard.

　　女の人：サヤ、何が見えますか。
　　サヤ：時計と黒板が見えます。

(3)　Man : What do you see, George?
　　George : I see a train and a ship.

　　男の人：ジョージ、何が見えますか。
　　ジョージ：電車と船が見えます。

(4)　Mom : What do you like, David?
　　David : I like basketball, baseball, and
　　　　　　jump rope.

　　お母さん：デイビッド、何が好きなの？
　　デイビッド：ぼくはバスケットボールと野球と
　　　　　　　　なわとびが好きだよ。

ここに注意！

(1) ここでの tape はセロハンテープのことです。

✔ 発音チェック　(3) train

 7 どうすればいいかな？

問題 p.68

指導のポイント

「〜しなさい」という命令が多く出題されます。最初のことばが重要なので、集中して聞くようにしましょう。また、Don't で始まる場合は「〜してはいけない」の意味です。何をしてはいけないのかを考えてみましょう。

やってみよう！

➡ **こたえ** (1) 1 (2) 5 (3) 2 (4) 6 (5) 4

		いみ
(1)	Mr. Jackson : Open your textbook. Boy : Yes, Mr. Jackson.	ジャクソン先生：教科書を開きなさい。 男の子：はい、ジャクソン先生。
(2)	Mr. Jackson : Write in your textbook. Boy : OK.	ジャクソン先生：教科書に書き（込み）なさい。 男の子：わかりました。
(3)	Mr. Jackson : Look at the blackboard. Boy : All right.	ジャクソン先生：黒板を見なさい。 男の子：わかりました。
(4)	Mr. Jackson : Clean the classroom. Boy : Sure.	ジャクソン先生：教室を掃除しなさい。 男の子：わかりました。
(5)	Mr. Jackson : Don't run. Boy : I'm sorry.	ジャクソン先生：走らないで。 男の子：すみません。

ここに注意！

(1) textbookは「教科書」のことを指します。

(2) write in 〜で「〜に書く［書き込む］」の意味です。

✔発音チェック (1) textbook (4) classroom

チャレンジコーナー

問題p.69

 指導のポイント

このコーナーには正解はありません。にこにこマーク（「はい」または「いいなあ」）か、しょんぼりマーク（「いいえ」または「いやだなあ」）のどちらかを選びます。指導の際は、「○○ちゃんだったら、何て答える？ Yesかな？ Noかな？」などと言って、コツをつかませてあげるといいでしょう。

		いみ
(1)	Hi, my name is Kattchan. How are you today?	やあ、ぼくの名前はカッちゃんです。 今日の調子はどうですか。
(2)	That pig is my friend. Do you know him?	あの豚はぼくの友だちです。 彼を知っていますか。
(3)	Do you like my hair?	ぼくの髪が好きですか。
(4)	I like cucumbers. Do you eat cucumbers?	ぼくはきゅうりが好きです。 あなたはきゅうりを食べますか。

77

オンラインレッスンをやってみよう！
レッスン内容

オンラインレッスン① 問題p.24〜25

Let's Listen! 3つの文をきき、絵にあう文の番号と英文をこたえる

(1)　1 I have a potato.　　　　　　1 私はじゃがいもを持っています。
　　　2 I have a tomato.　　　　　　2 私はトマトを持っています。
　　　3 I have a carrot. こたえ　　　3 私はにんじんを持っています。

(2)　1 There is a bed.　　　　　　　1 ベッドがあります。
　　　2 There is a desk. こたえ　　　2 机があります。
　　　3 There is a mirror.　　　　　3 鏡があります。

(3)　1 It's a frog. こたえ　　　　　　1 それはかえるです。
　　　2 It's a bird.　　　　　　　　2 それは鳥です。
　　　3 It's a rabbit.　　　　　　　3 それはうさぎです。

(4)　1 This is my ring.　　　　　　　1 これは私の指輪です。
　　　2 This is my coat. こたえ　　　2 これは私のコートです。
　　　3 This is my bag.　　　　　　　3 これは私のかばんです。

Let's Speak! 問いかけに対して、YesまたはNoを使ってこたえる

(1)　Mom：Is there a calendar?　　　お母さん：そこにカレンダーはあるかしら？
　　　Boy ：Yes, there is. 解答例　　男の子　：うん、あるよ。

(2)　Boy ：Is it a new umbrella?　　　男の子　：それは新しいかさなの？
　　　Girl ：Yes, it is. 解答例　　　女の子　：うん、そうよ。

(3)　Dad ：Do you want ice cream?　　お父さん：アイスクリームはほしい？
　　　Girl ：No, I want cake. 解答例　女の子　：いいえ、私はケーキがほしいわ。

(4)　Mom：Do you like broccoli?　　　お母さん：ブロッコリーは好き？
　　　Boy ：No, I like corn. 解答例　　男の子　：ううん、ぼくはとうもろこしが好きだよ。

Let's Chat! このレッスンまでに学んだ会話表現などを使っておしゃべり

(1)　A：Good morning, (あなたの名前).　A：おはようございます、(あなたの名前)。
　　　B：Good morning, (先生の名前).　　B：おはようございます、(先生の名前)。

(2)　A：See you tomorrow.　　　　　　A：また、あした。
　　　B：Bye.　　　　　　　　　　　　B：さようなら。

(3)　A：I'm sorry.　　　　　　　　　　A：ごめんなさい。
　　　B：Don't worry.　　　　　　　　B：心配しないで。

(4)　A：Good night, (あなたの名前).　　A：おやすみなさい、(あなたの名前)。
　　　B：Good night, (先生の名前).　　　B：おやすみなさい、(先生の名前)。

Let's Listen!

❶ 3つのヒントをきき、その内容にあう絵の番号と絵が表すものをこたえる（あてはまらない絵が2つ）

I have a camera. / I'm big. /
I like apples. / What am I?

こたえ 1 An elephant.

私はカメラを持っています。 ／ 私は大きいです。
／ 私はりんごが好きです。 ／ 私は何でしょう？

ぞうです。

I like trees. / I'm singing. /
I have a black nose. / What am I?

こたえ 4 A koala.

私は木が好きです。 ／ 私は歌っています。 ／
私の鼻は黒いです。 ／ 私は何でしょう？

コアラです。

I'm brown. / I have big ears. /
I have a ribbon. / What am I?

こたえ 5 A dog.

私は茶色です。 ／ 私の耳は大きいです。 ／ 私は
リボンをつけています。 ／ 私は何でしょう？

犬です。

I'm gray. / I'm small. / I'm running. /
What am I?

こたえ 6 A mouse.

私は灰色です。 ／ 私は小さいです。 ／ 私は走っ
ています。 ／ 私は何でしょう？

ねずみです。

❷ 3つの中から英文を1つきき、その文にあう絵の番号をこたえる

Ayaka washes her face every morning.

こたえ 1

アヤカは毎朝顔をあらいます。

Ayaka brushes her teeth every morning.

こたえ 2

アヤカは毎朝歯をみがきます。

Ayaka opens the window every morning.

こたえ 3

アヤカは毎朝窓をあけます。

Let's Speak! 問いかけに対して、絵にあるものを使ってこたえる

(1) A: What do you have?
B: I have a trumpet, a violin, and a flute. **解答例**

A：あなたは何を持っていますか。
B：私はトランペットとバイオリンとフルートを持っています。

---

(2) A: What do you see?
B: I see a park, a post office, and a hospital. **解答例**

A：あなたは何が見えますか。
B：私は公園と郵便局と病院が見えます。

Let's Chat! このレッスンまでに学んだ会話表現などを使っておしゃべり

(1) A: Is it five o'clock?
B: No, it's four o'clock.

A：5時ですか。
B：いいえ、4時よ。

---

(2) A: Do you have a notebook?
B: No, I don't.

A：ノートを持っている？
B：いいや、持ってないよ。

---

(3) A: What are you drawing?
B: I'm drawing a rabbit.

A：何を描いているの？
B：うさぎを描いているのよ。

---

(4) A: Where is the ball?
B: It's under the tree.

A：ボールはどこ？
B：木の下よ。

Let's Listen! 会話をきき、その内容にあう絵の番号をこたえる（あてはまらない絵が１つ）

Girl：Can I ride your bicycle?
Boy：Go ahead.

女の子：あなたの自転車に乗ってもいい？
男の子：どうぞ。

こたえ　1

Girl：Look, there's a musician.
Boy：Let's go there.

女の子：見て、ミュージシャンがいるわ。
男の子：そこへ行こうよ。

こたえ　3

Boy：Do you like these flowers?
Girl：Yes, I do.

男の子：これらの花は好き？
女の子：ええ、好きだわ。

こたえ　4

Let's Speak! 命令やお願いに対して、先生が指定した絵にあう返事をする

1　Teacher：Show me your notebook.
　　Boy：Here you are. 解答例

先生　　：私にノートを見せてください。
男の子：はい、どうぞ。

2　Teacher：Clean the blackboard, please.
　　Boy：Sure. 解答例

先生　　：黒板をきれいにしてください。
男の子：はい。

3　Teacher：Use your crayons.
　　Boy：All right. 解答例

先生　　：クレヨンを使いなさい。
男の子：わかりました。

4　Teacher：Please sit down.
　　Boy：OK. 解答例

先生　　：座ってください。
男の子：わかりました。

5　Teacher：Don't play soccer in the classroom.
　　Boy：I'm sorry. 解答例

先生　　：教室でサッカーをしてはいけません。
男の子：ごめんなさい。

6　Teacher：Can you read page 10?
　　Boy：Yes, （先生の名前）. 解答例

先生　　：10ページを読んでくれますか。
男の子：はい、（先生の名前）。

Let's Chat! このレッスンまでに学んだ会話表現などを使っておしゃべり

(1) A：Can you clean the table?
　　B：Sure.

A：テーブルをきれいにしてくれる？
B：いいよ。

(2) A：Pass me the fork, please.
　　B：Here you are.

A：フォークをとってください。
B：はい、どうぞ。

(3) A：Let's play catch.
　　B：Yes, let's.

A：キャッチボールをしよう。
B：うん、そうしよう。

(4) A：Let's sing a song.
　　B：Good idea.

A：歌を歌いましょう。
B：いい考えだね。